LA FRANCE, L'ANGLETERRE

ET

LE ROI FRANÇOIS II

LA FRANCE, L'ANGLETERRE

ET LE

ROI FRANÇOIS II

PAR

FÉLIX SAULNIER DE PIERREFOND

Chevalier de l'ordre pontifical de Saint-Sylvestre.

PARIS

CHARLES DOUNIOL, LIBRAIRE-ÉDITEUR,

Rue de Tournon, 29.

—

1860.

LA FRANCE, L'ANGLETERRE

ET LE

ROI FRANÇOIS II

Quoi ! dans cette France si grande, si puissante, si noble, il n'y aura pas un cri d'éloge, pas un élan d'admiration pour ce jeune roi qui, à peine arrivé au trône, en descend violemment par la force brutale et le triomphe de la démagogie, et qui, donnant un irrécusable démenti aux défaillances attribuées à sa famille, défend en héros, contre d'infâmes usurpateurs, les droits de sa couronne et de son peuple?

Les Français, réputés la nation des braves, sont-ils devenus, depuis que l'ambition et l'agiotage ont absorbé toutes leurs facultés, incapables d'apprécier le courage et l'honneur? Et où en trouveront-ils, dans les temps modernes, des exemples plus dignes d'admiration que ceux que donnent à l'univers ce saint Pontife, que le brigandage insulte et dépouille effrontément, et qui, confiant en Dieu seul, n'attend que de lui son secours et sa force, et ce jeune et brave monarque qui a vu tomber autour de lui tout son entourage, miné par la félonie, sans que la foi ni le courage l'aient un instant abandonné?

Oh ! si, il est encore en France de nobles cœurs, de grandes âmes ; celles-là souffrent et gémissent de l'égoïste abstention de leur pays, mal dissimulée sous un prétexte spécieux de non intervention.

Ce prétexte lui-même quel est-il ? d'où vient-il ?

Chacun le sait ; il fut une des conditions formelles du traité de Villafranca.

Mais pourquoi, France et Autriche, le respectez-vous plus que les autres conditions, et tenez-vous à honneur de ne point l'enfreindre? C'est que derrière lui s'abritent vos intérêts nationaux et la popularité dont vos gouvernements respectifs ont besoin pour se maintenir, aujourd'hui, vis-à-vis d'un parti devenu malheureusement trop puissant. S'il n'en était ainsi, et si vous-mêmes ne spéculiez sur le désordre de l'Italie pour augmenter votre prestige, comment n'auriez-vous pas plus à cœur la fidèle exécution de toutes les clauses du traité? Comment les avez-vous tenues? Comment avez-vous veillé à ce qu'elles fussent exécutées par l'improbe et fourbe Piémont, auquel la France cédait ses droits? Où sont les princes italiens qui devaient être rétablis? Où est la Confédération italienne promise et stipulée sous la présidence du Saint-Père? Était-ce ôter à ce peuple son autonomie, que de l'unir en une seule famille, sous l'autorité de ses chefs légitimes? Direz-vous, pour vous excuser, que les souverains de Naples, de Rome, de Modène et de Parme n'étaient pas aussi Italiens que le roi de Piémont, dont les ancêtres, il y a moins de cent ans, n'étaient que maison de Savoie, et n'auraient jamais été à la tête d'un royaume sans la générosité de la France ?

L'Autriche, elle, peut encore alléguer, avec raison, les dangers dont ses possessions de Hongrie, de Dalmatie et de Vénétie sont menacées par les mêmes agents démagogiques ; mais la France, la France, qu'a-t-elle à répondre aux accusations de la chrétienté ? Par quoi peut-elle se justifier aux yeux de ses enfants ? Est-ce par la poignée d'hommes que nous gardons à Rome et que nous étalons aux yeux de l'Europe en disant qu'ils sont là pour protéger le Saint-Père ?

Ce n'est pas ainsi que la France justifie son titre de fille aînée de l'Église ; car loin de sauvegarder le Pape, elle aggrave encore par là les périls de sa situation. Cette protection illusoire, ne s'étendant qu'à sa personne et aux possessions qui entourent sa capitale, et laissant tout le reste devenir la proie des bandits qui l'en dépouillent, n'est qu'un masque de probité dont personne n'est la dupe, pas plus ceux qui en profitent que ceux qui en souffrent.

La France, lorsqu'elle l'a voulu, a su marcher en avant et venger les droits opprimés et méconnus, sans s'inquiéter du consentement de l''Europe, sans jamais se laisser intimider par le blâme des autres nations.

Pour assurer les droits de la Porte, elle n'a pas craint d'affronter la Russie, et aujourd'hui elle viendrait affecter la crainte du Piémont, en alléguant la stipulation d'un article du traité de 1859.....

Non, non, la France est assez puissante pour agir d'elle-même et suivre, sans crainte, ses nobles aspirations, trop comprimées, hélas! par la marche cauteleuse de la politique anglaise, dont elle devient elle-même la victime. Elle sait bien qu'en faisant un pas, elle entraînerait toute l'Europe et que, si, au lieu de favoriser le désordre et l'anarchie dans la péninsule, elle se mettait à la tête du mouvement juste et honnête pour rétablir chaque trône à sa place, elle accomplirait cette œuvre de réhabilitation aux applaudissements de l'univers, et serait alors vraiment grande par son héroïsme et son désintéressement.

Quoi! nous avons secouru les Musulmans en Crimée, en ce moment nos troupes triomphantes vengent en Chine, l'insulte faite à notre drapeau et les martyres de nos missionnaires; elles sont en Syrie pour protéger et défendre les Chrétiens opprimés, et lorsqu'en Europe même, aux portes de la France, le saint Vicaire de Jésus-Christ, que nous avons nous-mêmes rétabli sur son trône, fait appel au dévouement de la nation que l'Église nomme sa fille aînée, lorsqu'il lui demande de s'opposer à la spoliation et au vol à main armée de la meilleure partie de ses États, elle fait semblant d'être enchaînée, et se renferme dans des fins de non-recevoir et dans des stipulations prétendues inviolables.

Oh! France! si tu es grande par ton industrie et ton armée, que deviennent ta grandeur morale et ce prestige d'intégrité qui rendent le monde entier tributaire de ton infaillibilité?

Toute cette brûlante question a été récemment traitée à fond par un éminent écrivain, dont l'admirable logique ferme la route à tous ceux qui auraient été tentés de le suivre, même de loin, dans cette voie glorieuse (1).

Nous n'insisterons donc pas sur ce sujet, dont cependant notre cœur est plein, et nous nous bornerons à examiner, en quelques pages, si dans les derniers événements de Naples la France a été ce qu'elle devait être vis-à-vis du jeune roi François II, vis-à-vis d'elle-même, eu égard au rôle juste et modérateur dans lequel cherche à se renfermer son gouvernement et sous la pression de quelles perfides influences son abstention a pu encourager le Piémont.

—

Le prétexte dont se servent, comme d'un bouclier, les puissances européennes, pour s'abstenir de tout secours envers François II, est le prétendu mouvement de régénération de l'Italie, qui veut se constituer en royaume. C'est ce mouvement qui vient d'expulser une dynastie usée et impopulaire, pour appeler la maison de Savoie au trône de Naples et de toute l'Italie, et aucune puissance n'a le droit, disent-elles, de s'opposer au vœu spontané d'une nation, scellé par le sang des nationaux et sanctionné par un vote enthousiaste.

Certes, dans ces conditions, aucune puissance, et la France moins que toute autre, n'aurait le droit de faire accepter son improbation et d'imposer forcément un gouvernement désormais antipathique à ce pays régénéré, mais aucun cabinet eu-

(1) M. le comte de Falloux, dans sa brochure sur *la Situation actuelle*.

ropéen n'est réellement la dupe de ce qui vient de se passer en Sicile et à Naples.

L'impartialité dont ils se targuent n'est qu'une coupable duplicité, et si les événements de chaque jour et les insurrections réactionnaires de ces derniers temps ne parlaient assez haut pour le prouver, le simple examen des faits suffirait à démontrer tout ce qu'il a fallu de ruse et de perfides machinations au Piémont pour ourdir, contre les princes légitimes, cet édifice de trahison et dénaturer, à ce point, la vérité des sentiments du peuple italien. De quel droit le Piémont s'arroge-t-il la souveraineté de Naples ? Ses princes l'ont-ils abandonnée ? Ont-ils renoncé les premiers à gouverner une population révoltée ? Était-ce l'absence de direction qui nécessitait ce vote en faveur de Victor-Emmanuel, au détriment de François II ? Non, rien de tout cela.

Le trône était occupé, depuis trois ans, par un jeune souverain, plein de foi, d'honneur, de courage et de loyauté.

Quoi que s'efforce de dire dans le sens opposé la presse rouge, ses vues, ses aspirations étaient toutes portées vers le courant d'un libéralisme rationnel et les idées de salutaires réformes trouvaient toujours dans son esprit un accès facile.

Dans les premiers jours du printemps dernier, l'Europe apprit avec stupeur que l'aventurier Garibaldi avait débarqué en Sicile avec un corps de volontaires, augmenté de l'écume socialiste des révolutionnaires de tous les pays.

Les grandes nations feignirent de croire à une expédition dérisoire et laissèrent s'opérer cet incompréhensible problème de la reddition de la Sicile sous l'impression de la terreur.

A peine ce forfait accompli contre la royauté, il fallut immédiatement le consommer par la prise de possession de la capitale du royaume et la corruption de l'armée napolitaine.

Pendant, qu'avec les instructions bien précises du Piémont, les flibustiers opéraient dans le sud de l'Italie, Victor-Emmanuel feignait, afin de donner le change à l'Europe, d'être dépassé par la marche des événements, adressait des représentations modérées à Garibaldi, endormait la France par la cession de la Savoie et de Nice, et repoussait toute responsabilité relative à l'insurrection qu'il fomentait, dirigeait, et dont il soudoyait les chefs.

Nous n'énumérerons pas tout ce que cet ouragan révolutionnaire a vu s'amasser d'iniquités, de méfaits, que l'histoire enregistre et jugera ; mais, revenant à notre point de départ, nous dirons hautement ce que personne n'a eu jusqu'ici le courage d'affirmer, c'est que ce qui vient de s'opérer en Italie n'est pas l'œuvre du vœu national, que c'est celle d'un coup de main démagogique, dont l'Italie est la victime et sous la pression sanguinaire duquel elle courbe la tête, dominée par le sentiment de sa faiblesse, mais regrettant et appelant de tous ses vœux le prince qui, enfermé à Gaëte, essaye de retenir les derniers lambeaux de son armée et attend que l'Europe, éclairée enfin sur les véritables intérêts de l'Italie, le rappelle au trône de ses pères.

Oui, le royaume de Naples a été indignement volé par Victor-Emmanuel.

Oui, son vote a été forcé et imposé par les baïonnettes piémontaises et les chemises rouges de leurs acolytes, et il n'est pas aujourd'hui plus piémontais de cœur que la France, en 1848, n'était républicaine, lorsque cependant chacun criait: *Vive la république!*

Si le ciel permettait qu'une nation forte et militaire comme la France, l'Autriche, ou l'Espagne, réintégrât François II dans sa capitale et dans son royaume, combien les cris de joie, les acclamations des populations et leur enthousiasme frénétique témoigneraient, bien mieux que ne le font les dépêches falsifiées à Turin, de l'amour de ce peuple pour son véritable souverain et de sa haine pour les usurpateurs qui lui imposent l'anarchie, la tyrannie, le vol, la ruine et l'assassinat !

Et voilà, cependant, d'une part ce que la France craint de faire, et de l'autre ce qu'elle laisse s'accomplir, *malgré le rôle civilisateur qu'elle ne devait pas abdiquer* (1).

La France, nous le répétons, craint-elle ou peut-elle craindre le blâme ? Non, elle ne craint rien du reste de l'Europe, qu'elle dirige, et surtout du Piémont, qui est son humble client ; mais elle est, malheureusement, par suite de son système politique d'alliance, tributaire de l'Angleterre, et ce n'est qu'en raison de l'assentiment ou de l'improbation de celle-ci, qu'elle osera être digne de ses antécédents, ou subordonner sa justice à l'approbation de son astucieuse rivale.

La conservation, à tout prix, de l'alliance de l'Angleterre, rêve impossible, et irréalisable, est cependant le but incessamment poursuivi par les gouvernements français, auquel ont été immolés les intérêts européens les plus sacrés, et, il

(1) Proclamation de l'empereur, datée des Tuileries, 5 mai 1859.

faut l'avouer avec douleur, trop souvent les généreuses initiatives dont nous aurions tout l'instinct.

Malgré les assurances ministérielles d'entente et de prospérité et les violences de la presse officielle, flétrissant d'absence de patriotisme toute opinion peu sympathique à l'alliance anglaise, le peuple français ne se convertira jamais à un sentiment de fraternité envers l'Angleterre.

Les rivalités, les haines de ces deux peuples, subsisteront toujours, et en s'invétérant deviendront de plus en plus profondes.

Jamais le peuple anglais ne se départira vis-à-vis de la France de son hostilité et de son envie, et jamais on n'éteindra au cœur des Français la haine et l'indignation qui y bouillonnent au seul nom de l'Angleterre et qu'y ont gravées en traits ineffaçables les traditions de notre histoire, et, entre autres récents griefs, les lâches tortures imposées au martyr de Longwood (1).

L'Angleterre, si jalouse de ses droits nationaux, n'a jamais été pour les autres États qu'un agent de révolte et d'insubordination, favorisant partout le désordre, au profit de ses intérêts commerciaux, et pendant qu'elle inscrit sur sa bannière les mots d'humanité et de progrès, donnant la main aux plus dangereux fauteurs de désordre, asile aux réfugiés régicides, et leur prêtant sourdement un vigoureux appui dans ces sanglantes mêlées.

Jamais le Piémont n'eût osé, seul, risquer, en face du monde

(1) Habitation de l'empereur Napoléon Ier à Sainte-Hélène.

indigné, l'audacieuse expédition de Garibaldi, s'il n'eût tenu toute sa force de l'appui moral et effectif que lui prêtait l'Angleterre dans cette usurpation, et s'il n'eût compté, comme conséquence, sur le consentement tacite de la France. Voilà comment, par ce dernier acte de félonie, l'Angleterre est si intimement liée aux derniers événements de Naples, qui n'auraient pas eu lieu sans elle, sans toute la protection dont elle a couvert cette criante spoliation ; aussi doit-elle en supporter, avec le Piémont, toute l'odieuse responsabilité.

Que dirait cette Grande-Bretagne, fière de ses trois royaumes, si ce principe désastreux de désorganisation monarchique, gagnant, comme un mal contagieux, toute l'Europe, l'Irlande en haillons, exténuée de misère et de faim, venait aux portes de Londres, ainsi que l'Angleterre y pousse la Hongrie et la Pologne, redemander son indépendance et sa nationalité?

Trouverait-elle, encore, que ce principe, subversif de toute domination, fût bon à mettre en pratique, pour ce qui la concerne, et conserverait-elle, pour la liberté démocratique, en présence de sa puissance menacée, le même enthousiasme avec lequel elle a précipité, en l'abusant, la malheureuse Italie dans un abîme d'anarchie ?

Les massacres de l'Inde ont répondu à notre question et prouvé amplement de quel poids étaient pour elle l'humanité et la justice, mises en balance avec ses intérêts.

Comment a-t-elle respecté le principe de non-intervention tant proclamé et réclamé par elle, dans les derniers événements? En prenant une part active aux révoltes sanglantes qu'elle alimentait, et, lorsqu'un instant, le succès semblait pencher du côté du bon droit, en envoyant les matelots et les soldats de ses navires de guerre, mouillés devant le port, au secours des Garibaldiens défaillants, en présence de la bravoure des soldats de François II, dont la retraite dut être effectuée, grâce à cette trahison et au triomphe du nombre et de la force.

Sa foi punique se retrouve partout, dans chacun de ses actes, comme dans le moindre discours de ses hommes d'État, et, cependant, nous ne cessons, au détriment de l'Europe souffrante, d'avoir pour ses décisions et ses tyrannies d'inexplicables déférences.

Le gouvernement de l'Empereur a donné assez de gages de son amour du progrès et de la liberté, pour qu'il n'ait pas à craindre d'être accusé, sans démence, par le libéralisme, de favoriser la tyrannie, en servant les droits de la justice et de l'honneur outragés.

Il se doit, surtout, aux vœux du parti honnête de la France, et la liberté que la dernière circulaire du ministre promettait à la presse, afin de s'éclairer sur les véritables intérêts de l'État, ne doit pas s'appliquer qu'à la presse révolutionnaire et aux principes irréligieux, elle doit aussi s'étendre aux écrits conservateurs de l'ordre et du bon droit, et lorsque, eux aussi, apportent leur tribut de vérité à l'édifice de grandeur de la mère commune, loin de considérer leurs opinions comme hostiles et dictées par l'esprit de parti, l'impartialité du gouvernement n'y doit voir que les appréhensions dévouées que causent à de vrais patriotes la gravité des circonstances présentes, l'optimisme dangereux de son entourage qui le laisse s'endormir dans une quiétude entourée d'orages et les prendre en considération, comme l'expression fidèle des sentiments de la majorité du pays.

S'il a dû, en partie, son élection au vote spontané qu'a fait naître le rétablissement du Saint-Siége et aux gages que cet acte donnait à l'avenir de la France, il devra son maintien, au milieu des difficultés croissantes de l'époque, à l'attitude qu'il va prendre.

La situation se complique et s'aggrave chaque jour; le mal est déjà bien grand, mais il est temps encore que la France relève la tête, et qu'en présence d'excès qu'elle ne peut tolérer plus longtemps, elle rétablisse l'équilibre européen, par un acte de suprême équité; qu'elle abdique son rôle passif et remette chaque chose à sa place en Italie.

Elle doit à son passé, à elle-même, de consolider, de manière à la rendre inébranlable, la tiare de saint Pierre, et de rétablir sur le trône de Naples le noble François II, déjà si grand par son héroïque défense, son sublime courage et son malheur.

C'est là ce qu'attendent d'elle les Français jaloux de son honneur et de sa prospérité; c'est là le dernier fleuron de gloire qui manque à sa couronne; c'est là, enfin, ce qui unira étroitement les intérêts et les sympathies de la France et de l'Europe à la dynastie napoléonnienne, et attirera sur elle les bénédictions de celui qui tient dans ses mains toutes puissantes le salut des empires et des rois.

Imprimerie de W. REMQUET, GOUPY et Cie, rue Garancière, 5.

www.ingramcontent.com/pod-product-compliance
Ingram Content Group UK Ltd.
Pitfield, Milton Keynes, MK11 3LW, UK
UKHW021041200726
13857UKWH00005B/1855